L'Intelligence Artificielle :
Révolutions, Tendances et Défis

Le guide complet pour maîtriser l'intelligence artificielle :
Concepts, applications pratiques, enjeux éthiques et avenir de l'IA

Copyright© Cardinal 2024
Tous droits réservés

Table des matières

Préface

Chapitre I: Introduction à l'Intelligence Artificielle
Section 1 : Définition et concepts de base de l'IA
Section 2 : Histoire et évolution de l'IA
Section 3 : Applications de l'IA dans différents secteurs

Chapitre II: Les Tendances Actuelles en IA
Section 1 : Développements récents et innovations en IA
Section 2 : Études de cas de technologies IA émergentes
Section 3 : L'IA dans les entreprises : exemples et impacts

Chapitre III: Les Progrès en Apprentissage Automatique
Section 1 : Techniques avancées en apprentissage automatique
Section 2 : Applications pratiques et succès récents
Section 3 : L'apprentissage profond et ses implications

Chapitre IV: L'IA dans la Vie Quotidienne
Section 1 : Comment l'IA transforme notre quotidien
Section 2 : L'IA dans les maisons et villes intelligentes, et les soins de santé
Section 3 : L'IA dans les véhicules autonomes et les transports

Chapitre V: Éthique et Défis de l'IA
Section 1 : Problèmes éthiques associés à l'IA
Section 2 : Biais dans les algorithmes et justice algorithmique
Section 3 : Confidentialité des données et sécurité

Chapitre VI: Perspectives Futures de l'IA
Section 1 : Prédictions pour les 10-20 prochaines années
Section 2 : Les technologies IA à surveiller
Section 3 : L'impact potentiel de l'IA sur l'économie et le marché du travail

Chapitre VII: L'IA et la Durabilité : Vers un Futur Écoresponsable
Section 1 : Optimisation des Ressources Naturelles
Section 2 : Efficacité Énergétique
Section 3 : Surveillance et Protection de l'Environnement
Section 4 : Gestion des Déchets et Économie Circulaire
Section 5 : Autres Domaines d'Application de l'IA pour la Durabilité
Section 6 : Défis et Perspectives Futures de l'IA pour la Durabilité

Chapitre VIII: Réflexions sur le Futur de l'IA et l'Importance de Rester Informé
Section 1 : Innovation Continue et Adaptation
Section 2 : Importance de l'Éthique et de la Réglementation
Section 3 : Collaboration et Partage des Connaissances
Section 4 : Éducation et Sensibilisation
Section 5 : Rester Informé

Conclusion

"Nous construisons des machines capables de penser, mais avons-nous vraiment réfléchi à ce que signifie penser ?"

Alan Turing, *pionnier de l'IA.*

Préface

L'intelligence artificielle (IA) s'impose aujourd'hui comme une révolution intellectuelle et technologique sans précédent, façonnant notre monde à une cadence effrénée et redéfinissant les paradigmes de l'existence humaine. Ce qui relevait hier encore de l'imaginaire visionnaire est devenu une réalité tangible, omniprésente, dont les applications s'étendent bien au-delà des rêves les plus audacieux.

Cet ouvrage se propose d'être votre guide dans cet univers à la fois complexe et fascinant, où la science rencontre l'ingéniosité humaine pour repousser les frontières de l'impossible. Nous vous invitons à explorer les fondements théoriques et les mécanismes subtils qui sous-tendent l'IA, à appréhender la richesse de ses applications pratiques et à comprendre les enjeux éthiques et sociétaux qu'elle soulève.

Le récit commence par une plongée dans l'histoire intellectuelle de l'IA, retraçant ses origines conceptuelles et ses premières percées techniques. Des pionniers tels qu'Alan Turing, dont les idées audacieuses ont servi de socle à cette discipline, aux percées contemporaines qui révolutionnent des domaines aussi cruciaux que la santé, les transports et la finance, cet ouvrage dresse un panorama complet et nuancé de l'évolution de cette science.

Au-delà des prouesses techniques, l'intelligence artificielle convoque des questions fondamentales : le respect de la vie privée, la gestion des biais algorithmiques, la sécurité des systèmes critiques et les dilemmes éthiques liés à l'automatisation. Ces problématiques, essentielles à l'acceptabilité et à l'utilisation responsable de l'IA, constituent le socle d'une réflexion que cet ouvrage se propose d'alimenter avec rigueur et clarté.

Conçu pour s'adresser tant aux néophytes curieux qu'aux spécialistes avertis, ce livre ambitionne d'être une porte d'entrée vers une compréhension approfondie et accessible de cette révolution. Il vous invite à questionner non seulement les avancées actuelles, mais aussi les potentialités futures d'une technologie en perpétuelle métamorphose.

Préparez-vous à une immersion intellectuelle d'une rare intensité, à la croisée des chemins entre la science, la philosophie et la prospective. Ensemble, explorons les *promesses et les défis de l'intelligence artificielle ; ensemble, imaginons le monde qu'elle façonnera.*

Ainsi, laissez ce livre éveiller en vous l'envie d'apprendre, de réfléchir et d'anticiper. Car si le futur appartient à l'IA, il est avant tout le fruit de la vision et de l'action humaines.

Bonne lecture, et bienvenue dans cette épopée moderne où se rencontrent la puissance de la machine et la créativité de l'esprit.

Chapitre I

Introduction à l'Intelligence Artificielle

Section 1 : Définition et concepts de base de l'IA

L'intelligence artificielle (IA) est un domaine de l'informatique visant à créer des systèmes capables d'effectuer des tâches qui nécessitent normalement une intelligence humaine. Ces tâches comprennent la reconnaissance vocale, la prise de décision, la résolution de problèmes, l'apprentissage et l'interprétation des langues naturelles.

Les principales branches de l'IA incluent :

1. ***L'apprentissage automatique (Machine Learning)** : Techniques permettant aux machines d'apprendre à partir de données et d'améliorer leurs performances au fil du temps sans être explicitement programmées.*

2. ***L'apprentissage profond (Deep Learning)** : Sous-ensemble de l'apprentissage automatique utilisant des*

réseaux de neurones artificiels pour modéliser des abstractions de haut niveau dans les données.

3. Le traitement du langage naturel (NLP) : Techniques permettant aux ordinateurs de comprendre et de générer du langage humain.

4. La vision par ordinateur : Techniques permettant aux ordinateurs d'analyser et de comprendre des images et des vidéos.

5. Les systèmes experts : Programmes conçus pour imiter les capacités décisionnelles d'un expert humain dans un domaine spécifique.

Section 2 : Histoire et évolution de l'IA

1. Années 1950-1960 : Les débuts.

L'histoire de l'IA commence avec Alan Turing, un mathématicien britannique qui a proposé en 1950 le test de Turing, une méthode pour déterminer si une machine peut démontrer une intelligence humaine. En 1956, la conférence de Dartmouth marque la naissance officielle de l'IA en tant que discipline académique.

2. Années 1970-1980 : Les systèmes experts et l'hiver de l'IA.

Les années 1970 voient l'émergence des systèmes experts, comme DENDRAL (pour l'analyse chimique) et MYCIN (pour le diagnostic médical). Cependant, les limitations techniques et le manque de données entraînent un ralentissement des avancées, connu sous le nom de "l'hiver de l'IA".

3. Années 1990-2000 : Renaissance et montée des réseaux neuronaux.

Les progrès en informatique et la disponibilité accrue des données mènent à une renaissance de l'IA. Les réseaux neuronaux, inspirés par la structure du cerveau humain, sont redécouverts et améliorés, permettant des avancées significatives dans des domaines comme la reconnaissance d'images et le traitement du langage naturel.

4. Années 2010 à aujourd'hui : Explosion des données et apprentissage profond.

Les années 2010 marquent une révolution avec l'apprentissage profond, grâce à l'augmentation exponentielle des données disponibles et à la puissance de calcul. Des *entreprises comme Google, Facebook, et Amazon investissent massivement dans l'IA, conduisant à des applications révolutionnaires telles que les assistants vocaux (Alexa, Siri), la reconnaissance faciale et les voitures autonomes.*

Section 3 : Applications de l'IA dans différents secteurs

1. Santé :

- *Diagnostic médical : L'IA aide à diagnostiquer des maladies en analysant des images médicales (radiographies, IRM) et des données de patients avec une précision souvent supérieure à celle des experts humains.*

- *Médecine personnalisée : Les algorithmes d'IA analysent les données génétiques pour proposer des traitements personnalisés.*

- *Prévention des maladies : L'IA prédit les épidémies en analysant les tendances mondiales de santé publique et les données démographiques.*

2. Finance :

- **Détection de fraude :** Les systèmes d'IA analysent les transactions en temps réel pour détecter des comportements frauduleux.

- **Gestion de portefeuille :** L'IA aide à optimiser les stratégies d'investissement en analysant des grandes quantités de données financières.

- **Prédiction des marchés :** Les algorithmes d'apprentissage automatique prévoient les tendances du marché boursier.

3. Marketing :

- **Publicité ciblée :** L'IA analyse les comportements des consommateurs pour personnaliser les campagnes publicitaires.

- **Analyse du sentiment :** Les algorithmes de NLP évaluent les avis clients sur les réseaux sociaux pour aider les entreprises à comprendre l'opinion publique.

- **Recommandations de produits :** Les systèmes d'IA comme ceux utilisés par Amazon et Netflix recommandent des produits ou des contenus basés sur les préférences passées des utilisateurs.

4. Transport :

- **Véhicules autonomes** : Les voitures autonomes utilisent des algorithmes d'IA pour percevoir leur environnement et prendre des décisions en temps réel.

- **Optimisation du trafic** : L'IA aide à gérer la circulation urbaine en prédisant les embouteillages et en optimisant les feux de signalisation.

- **Logistique** : Les entreprises de livraison utilisent l'IA pour optimiser les itinéraires et améliorer l'efficacité de la chaîne d'approvisionnement.

5. Service client :

- **Chatbots** : Les assistants virtuels alimentés par l'IA offrent un support client instantané et personnalisent les interactions.

- **Analyse des appels** : L'IA analyse les enregistrements des appels pour améliorer la qualité du service client.

- **_Automatisation des tâches_** : L'IA automatise les tâches répétitives, permettant aux agents de se concentrer sur des problèmes plus complexes.

Chapitre II

Les Tendances Actuelles en IA

Section 1 : Développements récents et innovations en IA

1. Apprentissage profond (Deep Learning) :

L'apprentissage profond repose sur des réseaux de neurones artificiels à plusieurs couches, également appelés réseaux profonds. Ces modèles sont capables de capturer des structures complexes et de découvrir des patterns subtils dans les données. Deux architectures de réseaux de neurones se démarquent particulièrement :

- **Réseaux de Neurones Convolutifs (CNN)** : Utilisés principalement pour la reconnaissance d'images, les CNN sont composés de couches de convolution qui appliquent des filtres pour détecter des caractéristiques telles que les bords, les textures et les formes. Des applications incluent la reconnaissance faciale, l'analyse des radiographies médicales et la détection d'objets dans des images et des vidéos.

- **Réseaux de Neurones Récurrents (RNN) et Long Short-Term Memory (LSTM)** : Conçus pour traiter des séquences de données, les RNN sont utilisés pour les tâches de prédiction de séries temporelles, de génération de texte et de traduction automatique. Les LSTM, une variante des RNN, adressent le problème de la mémoire à court terme, permettant aux réseaux de retenir des informations sur des intervalles de temps plus longs.

2. **Transformateurs et modèles de langage :**

L'architecture Transformer a révolutionné le traitement du langage naturel (NLP). Les modèles basés sur cette architecture, comme GPT-3 de OpenAI et BERT de Google, sont capables de comprendre le contexte et de générer des textes de manière cohérente et naturelle. Ces modèles fonctionnent à travers des mécanismes d'attention qui permettent de pondérer l'importance des mots dans une phrase. Voici quelques applications notables :

- **GPT-3 (Generative Pre-trained Transformer 3)** : Avec 175 milliards de paramètres, GPT-3 peut rédiger des essais, écrire du code, et même composer de la poésie. Il est largement utilisé pour les chatbots, la rédaction assistée et les générateurs de contenu.

- **BERT (Bidirectional Encoder Representations from Transformers):** BERT est particulièrement efficace pour les tâches de compréhension du langage, comme la recherche de texte, l'extraction de réponses et l'analyse des sentiments. Il est intégré dans le moteur de recherche de Google pour améliorer la pertinence des résultats de recherche.

3. Apprentissage par renforcement (Reinforcement Learning) :

L'apprentissage par renforcement se distingue par sa capacité à apprendre à partir d'interactions avec un environnement. Des agents intelligents prennent des actions et reçoivent des récompenses ou des pénalités, ajustant leur comportement pour maximiser les récompenses cumulées. Voici des exemples d'applications :

- **AlphaGo :** Développé par DeepMind, AlphaGo a battu les meilleurs joueurs humains de Go, un jeu réputé pour sa complexité stratégique. Utilisant une combinaison de réseaux neuronaux et de recherche Monte-Carlo, AlphaGo évalue les positions du jeu et sélectionne les meilleures stratégies.

- **Robots autonomes** : Les robots utilisant l'apprentissage par renforcement peuvent apprendre des tâches complexes comme la manipulation d'objets, la navigation dans des environnements dynamiques et l'interaction avec des humains.

4. Génerative Adversarial Networks (GANs)

Les GANs se composent de deux réseaux neuronaux : un générateur qui crée des données synthétiques, et un discriminateur qui évalue leur authenticité. Ce jeu d'opposition permet aux GANs de produire des images, des vidéos et des voix très réalistes. Voici quelques applications :

- **Création d'images** : Les GANs peuvent générer des portraits, des paysages et des objets artificiels qui sont presque indiscernables des images réelles. Ils sont utilisés dans l'art numérique, la mode et le design industriel.

- **Synthèse vocale** : Des GANs sont utilisés pour créer des voix synthétiques réalistes, facilitant la production de livres audio, les assistants virtuels et les systèmes de téléphonie.

5. IA explicable (Explainable AI) :

L'IA explicable vise à rendre les décisions des modèles d'IA plus transparentes et compréhensibles pour les utilisateurs. Cette approche est essentielle pour garantir la confiance et l'acceptation des systèmes d'IA. Voici quelques techniques :

- **LIME (Local Interprétable Model-agnostic Explanations)** : LIME crée des approximations linéaires locales des prédictions complexes, permettant de comprendre pourquoi un modèle a pris une certaine décision.

- **SHAP (SHapley Additive exPlanations)** : SHAP utilise des valeurs de Shapley pour attribuer l'importance des caractéristiques à chaque prédiction, fournissant une explication globale et locale.

Section 2 : Études de cas de technologies IA émergentes

1. Chatbots et assistance virtuelle :

Les chatbots et assistants virtuels sont omniprésents dans le service client. Voici des exemples concrets :

- **IBM Watson** : Utilisé par les entreprises pour fournir des réponses instantanées et précises aux questions des clients, Watson utilise le NLP pour comprendre les demandes et fournir des réponses pertinentes. Dans le secteur de la santé, Watson aide les médecins à diagnostiquer des maladies et à recommander des traitements.

- **Microsoft Cortana** : Utilisée dans les entreprises pour automatiser des tâches administratives, Cortana intègre des fonctionnalités comme la planification de réunions, l'envoi de rappels et la recherche d'informations.

2. IA en médecine

L'IA révolutionne la médecine de plusieurs manières :

- **Analyse d'images médicales** : Des algorithmes comme ceux développés par Google Health peuvent détecter des anomalies dans des radiographies et des mammographies avec une précision élevée. Ces systèmes assistent les radiologues en fournissant des secondes opinions rapides et précises.

- **Prédiction de la structure des protéines** : *AlphaFold de DeepMind a résolu un problème clé en biologie structurelle en prédisant la structure 3D des protéines à partir de leur séquence d'acides aminés, ouvrant de nouvelles voies pour la recherche médicale et le développement de médicaments.*

3. Véhicules autonomes :

Les véhicules autonomes représentent l'une des applications les plus avancées de l'IA :

- **Tesla Autopilot** : *Utilise des réseaux neuronaux pour analyser les données de caméras, radars et capteurs ultrasoniques, permettant à la voiture de naviguer sur les routes, de changer de voie et de se garer automatiquement.*

- **Waymo** : *Filiale d'Alphabet, Waymo développe des systèmes de conduite entièrement autonomes en utilisant une combinaison de lidar, de radars et de caméras, pour une navigation sûre et efficace.*

4. Agriculture de précision :

L'IA aide les agriculteurs à optimiser leurs rendements agricoles :

- **John Deere** : Intègre des algorithmes d'IA dans ses équipements pour analyser la santé des cultures, recommander des traitements et automatiser des tâches comme la pulvérisation de pesticides.

- **Blue River Technology** : Utilise des systèmes de vision par ordinateur pour détecter et cibler les mauvaises herbes, réduisant ainsi l'utilisation de produits chimiques et augmentant l'efficacité des cultures.

5. **Smart Cities :**

Les villes intelligentes utilisent l'IA pour améliorer la qualité de vie :

- **Songdo, Corée du Sud** : Intègre des systèmes de gestion de l'énergie, des transports et des infrastructures en utilisant des capteurs et des algorithmes d'IA pour optimiser l'utilisation des ressources et réduire les émissions de carbone.

- **Amsterdam Smart City** : Utilise l'IA pour gérer le trafic, améliorer la sécurité publique et promouvoir des initiatives de durabilité.

Section 3 : L'IA dans les entreprises : exemples et impacts

L'adoption de l'IA transforme les opérations commerciales et ouvre de nouvelles opportunités :

1. Optimisation de la chaîne d'approvisionnement :

- **Amazon** : Utilise l'IA pour prévoir la demande, optimiser les stocks et planifier les itinéraires de livraison, réduisant les coûts et améliorant l'efficacité.

- **Walmart** : Implémente des algorithmes d'apprentissage automatique pour gérer les stocks en temps réel et ajuster les niveaux d'inventaire en fonction des prévisions de vente.

2. Marketing personnalisé :

- **Netflix** : Utilise l'IA pour analyser les habitudes de visionnage et recommander des contenus personnalisés, augmentant l'engagement des utilisateurs.

- **Spotify** : Emploie des algorithmes de recommandation pour proposer des playlists et des chansons basées sur les préférences des utilisateurs, améliorant l'expérience musicale.

3. **Détection de fraude :**

- **Visa** : Utilise des modèles d'IA pour analyser des millions de transactions en temps réel et détecter des activités suspectes, réduisant les pertes dues à la fraude.

- **Mastercard** : Implémente des algorithmes d'apprentissage automatique pour surveiller les transactions et identifier des comportements inhabituels, prévenant ainsi les fraudes.

4. **Automatisation des processus :**

- **UiPath** : Fournit des solutions d'automatisation des processus robotiques (RPA) qui utilisent l'IA pour automatiser des tâches répétitives dans les services financiers, la santé et les télécommunications.

- **Blue Prism** : Offre des plateformes RPA intégrées avec des capacités d'IA pour automatiser des processus complexes.

Chapitre III

Les Progrès en Apprentissage Automatique

Section 1 : Techniques avancées en apprentissage automatique

L'apprentissage automatique est un domaine vaste et complexe qui repose sur diverses techniques avancées. Voici un examen approfondi de ces techniques :

*1. **Apprentissage supervisé :***

L'apprentissage supervisé consiste à entraîner des modèles sur des ensembles de données étiquetées, où chaque entrée est associée à une sortie correcte. Les principales techniques incluent :

- ***Régression linéaire et logistique :***

La régression linéaire est utilisée pour prédire des valeurs continues. Par exemple, prédire le prix d'une maison en fonction de sa surface, de son emplacement, et d'autres caractéristiques.

La régression logistique est utilisée pour la classification binaire. Par exemple, déterminer si un émail est un spam ou non basé sur certaines caractéristiques.

- **Arbres de décision** : Un arbre de décision est une structure arborescente où chaque nœud représente un test sur une caractéristique, chaque branche le résultat du test, et chaque feuille une étiquette de classe ou une valeur prédictive.

- **Forêts aléatoires** : Une forêt aléatoire est un ensemble d'arbres de décision. Chaque arbre est formé sur un sous-ensemble différent des données et des caractéristiques. Les prédictions de chaque arbre sont ensuite combinées pour améliorer la précision et réduire le surapprentissage.

- **Machines à vecteurs de support (SVM)** : Les SVM trouvent l'hyperplan qui sépare les classes de données avec la plus grande marge possible. Ils sont efficaces dans des espaces de grande dimension et peuvent utiliser des noyaux pour traiter des données non linéaires.

- **Réseaux neuronaux artificiels (ANN)** : Inspirés par le cerveau humain, les ANN sont composés de couches de neurones artificiels. Chaque neurone reçoit des entrées pondérées, les transforme à l'aide d'une fonction d'activation, et envoie le résultat aux neurones de la couche suivante.

2. Apprentissage non supervisé :

L'apprentissage non supervisé est utilisé pour trouver des structures cachées dans des ensembles de données non étiquetées. Voici les principales méthodes employées :

- **Clustering (regroupement)** : *cette méthode comprend :*

  - **k-means** : *Algorithme de clustering qui divise les données en k clusters, où chaque point de données appartient au cluster avec la moyenne la plus proche (centroïde).*

  - **DBSCAN (Density-Based Spatial Clustering of Applications with Noise)** : *Identifie des clusters basés sur la densité des points de données et peut découvrir des clusters de forme arbitraire.*

- **Réduction de dimensionnalité :**

  - **PCA (Principal Component Analysis)** : *Technique statistique qui transforme les données à haute* dimension en un espace de dimension inférieure en maximisant la variance expliquée.

- **t-SNE (t-Distributed Stochastic Neighbor Embedding)** : Technique de réduction de dimensionnalité non linéaire utilisée pour la visualisation des données en deux ou trois dimensions.

- **Réseaux antagonistes génératifs (GANs)** : Les GANs se composent de deux réseaux neuronaux, le générateur et le discriminateur, qui s'affrontent dans un jeu à somme nulle. Le générateur crée des données synthétiques, tandis que le discriminateur essaie de distinguer ces données des vraies données. Les GANs sont utilisés pour la génération d'images réalistes, de vidéos et de voix synthétiques.

3. *Apprentissage par renforcement :*

L'apprentissage par renforcement implique un agent qui interagit avec un environnement et apprend à maximiser une récompense cumulative. Voici des concepts clés :

- **Processus décisionnels de Markov (MDP)** : Un MDP modélise un environnement dans lequel un agent prend des actions pour maximiser des récompenses. Un MDP est défini par des états, des actions, des récompenses et des transitions probabilistes entre les états.

- **Q-learning** : Un algorithme d'apprentissage par renforcement où l'agent apprend une fonction de valeur Q qui évalue la qualité des actions dans des états spécifiques. Les valeurs Q sont mises à jour en utilisant les récompenses reçues et la valeur des états futurs.

- **Deep Q-Networks (DQN)** : Une extension du Q-learning qui utilise des réseaux neuronaux profonds pour approximer la fonction de valeur Q. Les DQN sont efficaces pour apprendre des politiques dans des environnements complexes comme les jeux vidéo.

4. Apprentissage profond (Deep Learning) :

L'apprentissage profond utilise des réseaux de neurones profonds pour modéliser des relations complexes dans les données. Voici quelques architectures courantes :

- **Réseaux de neurones convolutifs (CNN)** : Principalement utilisés pour la reconnaissance d'images. Les CNN utilisent des couches de convolution pour détecter des caractéristiques locales dans les images, telles que les bords et les textures. Ils sont utilisés dans des applications telles que la reconnaissance faciale, la détection d'objets et l'analyse des images médicales.

- **Réseaux de neurones récurrents (RNN) et Long Short-Term Memory (LSTM)** : Utilisés pour traiter des séquences de données telles que le texte, la parole et les séries temporelles. Les RNN ont des connexions récurrentes qui leur permettent de capturer des dépendances temporelles, tandis que les LSTM améliorent les RNN en permettant de retenir des informations sur de longues périodes.

- **Transformateurs** : Utilisés dans le traitement du langage naturel. Les transformateurs utilisent des mécanismes d'attention pour traiter efficacement de longues séquences de texte. Des modèles basés sur les transformateurs, tels que GPT-3 et BERT, ont révolutionné la génération de texte et la compréhension du langage.

Section 2 : Applications pratiques et succès récents

L'apprentissage automatique a conduit à des réussites remarquables dans divers domaines. Voici quelques exemples détaillés :

1. Traitement du langage naturel (NLP) :

L'apprentissage automatique a transformé le traitement du langage naturel, permettant des avancées significatives dans les domaines suivants :

- **Traduction automatique** : Google Translate utilise des réseaux neuronaux pour fournir des traductions précises entre plusieurs langues. Le modèle NMT (Neural Machine Translation) a amélioré la fluidité et la naturalité des traductions en capturant le contexte des phrases.

- **Chatbots et assistants virtuels** : Des systèmes comme Google Assistant, Amazon Alexa et Apple Siri utilisent des modèles de NLP pour comprendre et répondre aux requêtes des utilisateurs. Ces assistants peuvent gérer des tâches complexes comme la planification de rendez-vous, la gestion des listes de courses et le contrôle des dispositifs de maison intelligente.

- **Analyse des sentiments** : Des algorithmes de NLP analysent les avis des consommateurs sur les réseaux sociaux et les plateformes d'e-commerce pour extraire des sentiments positifs, négatifs ou neutres. Cette information aide les entreprises à comprendre l'opinion publique, à améliorer leurs produits et services et à ajuster leurs stratégies marketing.

2. Vision par ordinateur :

Les techniques de vision par ordinateur permettent aux machines de comprendre et d'analyser des images et des vidéos. Voici quelques applications notables :

- **Reconnaissance faciale** : Utilisée dans la sécurité, le déverrouillage de dispositifs et la surveillance. Par exemple, Apple Face ID utilise des réseaux neuronaux convolutifs pour identifier les utilisateurs et déverrouiller les iPhones.

- **Détection d'objets** : Utilisée dans la robotique, les véhicules autonomes et la surveillance. Les algorithmes comme YOLO (You Only Look Once) permettent une détection rapide et précise des objets dans des images et des vidéos en temps réel.

- **Analyse d'images médicales** : Utilisée pour le dépistage de maladies dans les radiographies, les IRM et les mammographies. Des algorithmes de deep learning aident les radiologues à détecter des anomalies comme les tumeurs, avec une précision comparable à celle des experts humains.

3. **Finance :**

L'apprentissage automatique transforme le secteur financier grâce à ses capacités d'analyse avancée et ses prédictions précises. Voici quelques applications :

- **Détection de fraude** : Des modèles de classification et de clustering identifient des transactions suspectes en temps réel, réduisant les pertes dues à la fraude. Par exemple, les banques utilisent des algorithmes pour analyser des millions de transactions et détecter des comportements inhabituels.

- **Trading algorithmique** : Des algorithmes analysent des données de marché pour prendre des décisions de trading automatisées, maximisant les profits tout en minimisant les risques. Les hedge funds et les institutions financières utilisent ces techniques pour optimiser leurs stratégies d'investissement.

- **Analyse de crédit** : Utilisée pour évaluer la solvabilité des emprunteurs en analysant des données historiques et comportementales. Les modèles d'apprentissage automatique permettent une évaluation plus précise des risques et une réduction des défauts de paiement.

4. *Santé* :

L'apprentissage automatique révolutionne le secteur de la santé en améliorant les diagnostics, les traitements et la recherche médicale. Voici quelques applications supplémentaires :

- **Médecine personnalisée** : L'IA analyse les données génomiques et cliniques pour personnaliser les traitements médicaux en fonction des caractéristiques uniques de chaque patient. Par exemple, des algorithmes de machine learning peuvent recommander des traitements optimaux pour des patients atteints de cancers en fonction de leur profil génétique.

- **Analyse de données cliniques :** L'apprentissage automatique aide à analyser de vastes ensembles de données cliniques pour identifier des modèles et des tendances qui pourraient ne pas être visibles pour les cliniciens humains. Cela permet de découvrir de nouvelles relations entre les symptômes, les diagnostics et les traitements.

- **Chirurgie assistée par IA :** Les robots chirurgicaux équipés d'IA assistent les chirurgiens dans des procédures complexes. Ces systèmes peuvent fournir une précision accrue, réduire les risques d'erreurs et améliorer les résultats pour les patients.

- **Gestion des soins de santé :** Les systèmes d'IA aident à gérer les ressources des hôpitaux, optimiser les horaires des médecins et prédire les besoins futurs en soins de santé. Cela améliore l'efficacité et réduit les coûts.

5. **Transport :**

L'apprentissage automatique est crucial dans le développement de technologies de transport avancées :

- **Véhicules autonomes :** Des entreprises comme Tesla et Waymo utilisent des réseaux neuronaux pour analyser les données des capteurs, telles que les caméras, les radars et les lidars, permettant à leurs véhicules de percevoir l'environnement, prendre des décisions en temps réel et naviguer de manière autonome.

- **Optimisation du trafic** : Des algorithmes de machine learning prédisent les embouteillages et optimisent les feux de signalisation pour améliorer la fluidité du trafic urbain. Par exemple, des villes comme Singapour utilisent des systèmes intelligents de gestion du trafic pour réduire les temps de trajet et les émissions de gaz à effet de serre.

- **Logistique et livraison** : Les entreprises de logistique utilisent l'apprentissage automatique pour optimiser les itinéraires de livraison et améliorer la gestion des stocks. Des algorithmes de machine learning aident à prévoir la demande et à planifier les itinéraires de manière plus efficace, réduisant ainsi les coûts et les délais de livraison.

- **Sécurité routière** : L'IA est utilisée pour analyser les données des accidents de la route et identifier les facteurs de risque. Cela permet aux autorités de prendre des mesures préventives pour améliorer la sécurité routière, comme l'installation de nouvelles signalisations ou la modification des infrastructures routières.

Section 3 : L'apprentissage profond et ses implications

L'apprentissage profond, en tant que sous-domaine de l'apprentissage automatique, a des implications profondes sur la manière dont les machines comprennent et interagissent avec le monde. Voici quelques aspects clés :

1. Génération de contenu :

L'apprentissage profond permet la création de contenu généré automatiquement, ouvrant de nouvelles possibilités créatives et industrielles :

- *Texte* : Des modèles comme GPT-3 peuvent rédiger des articles, des essais et même de la fiction de manière autonome. Ils sont utilisés pour générer du contenu marketing, des articles de blog et des scénarios de jeux vidéo.

- *Images* : Les GANs peuvent créer des images photoréalistes à partir de descriptions textuelles. Cela trouve des applications dans la publicité, la mode, et même la création artistique.

- **Musique** : Des algorithmes d'apprentissage profond peuvent composer des morceaux de musique en imitant différents styles. Ces systèmes sont utilisés par des artistes et des producteurs pour explorer de nouvelles idées musicales.

2. Personnalisation :

Les systèmes d'apprentissage profond sont utilisés pour personnaliser les expériences utilisateur, rendant les interactions avec la technologie plus intuitives et efficaces :

- **Recommandations de produits** : Des algorithmes analysent les préférences des utilisateurs pour recommander des produits pertinents sur des plateformes comme Amazon et Netflix. Cela augmente la satisfaction des utilisateurs et les ventes.

- **Publicité ciblée** : Utilisée pour analyser les comportements des consommateurs et proposer des publicités personnalisées, augmentant ainsi l'efficacité des campagnes marketing. Par exemple, Facebook et Google utilisent des algorithmes de machine learning pour cibler les publicités en fonction des intérêts des utilisateurs.

3. Sécurité et surveillance :

L'apprentissage profond améliore la sécurité et la surveillance dans divers domaines :

*- **Détection des intrusions** : Des modèles détectent des comportements anormaux sur des réseaux informatiques pour prévenir les cyberattaques. Par exemple, des systèmes de détection des intrusions utilisent des réseaux neuronaux pour identifier des activités malveillantes en temps réel.*

*- **Surveillance vidéo** : Des algorithmes analysent des flux vidéo en temps réel pour détecter des activités suspectes et alerter les autorités. Par exemple, des systèmes de surveillance dans les aéroports et les centres commerciaux utilisent l'IA pour repérer des comportements inhabituels et prévenir les incidents de sécurité.*

4. Défis éthiques et biais :

L'apprentissage profond soulève également des questions éthiques importantes, nécessitant une réflexion approfondie et des mesures proactives pour garantir une utilisation responsable de l'IA :

- **Biais algorithmique** : Les modèles d'apprentissage profond peuvent reproduire et amplifier les biais présents dans les données d'entraînement, posant des problèmes de discrimination et d'équité. Par exemple, des systèmes de reconnaissance faciale ont montré des taux d'erreur plus élevés pour certains groupes ethniques et genres, soulevant des préoccupations éthiques.

- **Transparence et explicabilité** : Les modèles de deep learning sont souvent considérés comme des "boîtes noires" difficiles à interpréter, ce qui pose des défis pour la confiance et l'acceptabilité des décisions automatisées. Des efforts sont en cours pour développer des techniques d'IA explicables afin de rendre les décisions des modèles plus transparentes et compréhensibles.

- **Confidentialité** : L'utilisation de grandes quantités de données personnelles soulève des préoccupations en matière de confidentialité et de sécurité des données. Des réglementations telles que le RGPD (Règlement Général sur la Protection des Données) en Europe visent à protéger les droits des individus et à garantir une utilisation éthique des données.

Conclusion du chapitre

Ce chapitre détaille les techniques avancées de l'apprentissage automatique, leurs applications pratiques et les implications profondes de l'apprentissage profond. Ces avancées témoignent du potentiel transformateur de l'IA dans divers aspects de notre vie quotidienne et de notre société.

Chapitre IV
L'IA dans la Vie Quotidienne

Section 1 : Comment l'IA transforme notre quotidien

L'intelligence artificielle (IA) s'infiltre discrètement mais profondément dans notre vie quotidienne, transformant de nombreux aspects de notre existence. Voici quelques domaines où l'IA est particulièrement influente :

1. Assistants virtuels personnels :

Les assistants virtuels tels qu'Amazon Alexa, Google Assistant et Apple Siri utilisent des algorithmes d'IA pour comprendre et répondre aux commandes vocales des utilisateurs. Ils sont devenus des compagnons numériques omniprésents capables de :

*- **Gérer les tâches quotidiennes** : Planifier des rendez-vous, définir des rappels, envoyer des messages, et gérer des listes de courses.*

- **Contrôler les appareils domestiques intelligents** : Réguler les thermostats, allumer et éteindre les lumières, verrouiller les portes et interagir avec d'autres appareils connectés.

- **Fournir des informations** : Répondre à des questions sur la météo, les actualités, le trafic, et même des questions triviales en utilisant des moteurs de recherche intégrés.

- **Divertissement** : Jouer de la musique, des podcasts, des livres audios, et contrôler les services de streaming sur des téléviseurs connectés.

2. **Services de recommandation :**

Les services de recommandation utilisent des algorithmes sophistiqués pour personnaliser l'expérience utilisateur sur des plateformes comme Netflix, YouTube et Amazon. Par exemple :

- **Netflix** : Analyse les habitudes de visionnage pour recommander des films et des séries susceptibles de plaire aux utilisateurs, augmentant ainsi l'engagement et la satisfaction.

- **YouTube** : Utilise l'historique de visualisation et les interactions (likes, commentaires) pour suggérer des vidéos pertinentes, maintenant ainsi les utilisateurs engagés sur la plateforme.

- **Amazon** : Propose des produits basés sur les achats précédents, les recherches et les comportements des utilisateurs, optimisant ainsi les ventes et la satisfaction des clients.

3. **Applications de santé** :

L'IA révolutionne les applications de santé et de bien-être en fournissant des conseils personnalisés et en surveillant les paramètres de santé. Par exemple :

- **Applications de fitness** : Créent des plans d'entraînement personnalisés, suivent les progrès et ajustent les programmes en fonction des performances et des objectifs des utilisateurs.

- **Montres intelligentes et trackers d'activité** : Surveillent des signes vitaux tels que le rythme cardiaque, les niveaux d'oxygène dans le sang et la qualité du sommeil, fournissant des rapports détaillés et des alertes en cas d'anomalies.

- **Applications de santé mentale :** Utilisent des algorithmes d'IA pour offrir un soutien en temps réel, des techniques de relaxation et des exercices de pleine conscience adaptés aux besoins individuels des utilisateurs.

4. Transport et navigation :

Les services de transport et de navigation exploitent l'IA pour optimiser les trajets et améliorer la sécurité. Par exemple:

- **Applications de navigation :** Google Maps et Waze utilisent l'IA pour analyser en temps réel les conditions de circulation, les accidents et les travaux routiers, fournissant des itinéraires optimisés pour réduire les temps de trajet.

- **Véhicules autonomes :** Les voitures autonomes, comme celles de Tesla et Waymo, utilisent des capteurs et des algorithmes d'IA pour percevoir l'environnement, prendre des décisions de conduite et naviguer de manière autonome.

- **Transport public :** Les systèmes de transport en commun intègrent l'IA pour planifier les horaires, minimiser les temps d'attente et optimiser l'utilisation des véhicules, améliorant ainsi l'efficacité et la satisfaction des usager

Section 2 : L'IA dans les maisons et villes intelligentes, et les soins de santé

1. Maisons intelligentes :

Les maisons intelligentes utilisent des technologies d'IA pour automatiser et optimiser divers aspects de la vie domestique, améliorant ainsi le confort, la sécurité et l'efficacité énergétique. Voici quelques exemples :

- **Domotique** : Les systèmes de domotique utilisent l'IA pour contrôler l'éclairage, le chauffage, la climatisation et les appareils électroménagers. Par exemple, les thermostats intelligents comme le Nest apprennent les préférences des occupants et ajustent automatiquement la température pour maximiser le confort et économiser l'énergie.

- **Sécurité à domicile** : Les caméras de sécurité et les sonnettes vidéo équipées d'IA peuvent détecter des mouvements inhabituels et envoyer des alertes en temps réel aux propriétaires. Certaines caméras intelligentes peuvent même différencier les humains des animaux pour réduire les fausses alertes.

- Gestion de l'énergie : Les systèmes de gestion de l'énergie utilisent l'IA pour surveiller et optimiser la consommation d'électricité, réduisant ainsi les coûts et l'empreinte carbone. Par exemple, ils peuvent ajuster automatiquement les appareils en fonction des pics de demande et des tarifs horaires.

2. Villes intelligentes :

Les villes intelligentes exploitent les technologies d'IA pour améliorer la qualité de vie des résidents, réduire les coûts et promouvoir la durabilité. Voici quelques exemples :

- Gestion du trafic : Les systèmes de gestion du trafic utilisent des algorithmes d'IA pour surveiller le flux de véhicules, optimiser les feux de signalisation et réduire les embouteillages. Des villes comme Singapour et Amsterdam ont mis en œuvre ces technologies pour améliorer la fluidité du trafic.

- Sécurité publique : Les systèmes de surveillance basés sur l'IA analysent les flux vidéo pour identifier des comportements suspects et prévenir les crimes. Par exemple, des systèmes de reconnaissance faciale peuvent identifier des individus recherchés en temps réel.

- **Gestion des déchets** : Les capteurs intelligents et les algorithmes d'IA aident à optimiser les itinéraires de collecte des déchets, améliorer le tri et augmenter le taux de recyclage. Des villes comme San Francisco utilisent ces technologies pour atteindre leurs objectifs de zéro déchet.

3. Soins de santé :

L'IA joue un rôle crucial dans l'amélioration des soins de santé, en augmentant la précision des diagnostics, en personnalisant les traitements et en optimisant la gestion des soins. Voici quelques exemples :

- **Diagnostic médical** : Les algorithmes d'IA analysent les images médicales, comme les radiographies et les IRM, pour détecter des anomalies avec une précision souvent supérieure à celle des médecins humains. Par exemple, des systèmes comme IBM Watson Health assistent les radiologues dans l'interprétation des images médicales.

- **Médecine personnalisée** : Les systèmes d'IA analysent les données génétiques et cliniques pour proposer des traitements adaptés à chaque patient, améliorant ainsi les résultats cliniques. Par exemple, des algorithmes de machine learning aident à déterminer les thérapies les plus efficaces pour des patients atteints de cancers en fonction de leur profil génétique.

- **Surveillance à distance** : Les dispositifs de surveillance à distance équipés d'IA suivent les signes vitaux des patients et alertent les professionnels de santé en cas de détection d'anomalies. Cela permet une intervention rapide et réduit les hospitalisations inutiles. Par exemple, des dispositifs portables peuvent surveiller les patients atteints de maladies chroniques et fournir des mises à jour en temps réel aux médecins.

Section 3 : L'IA dans les véhicules autonomes et les transports

Les véhicules autonomes représentent l'une des applications les plus avancées et prometteuses de l'IA. Voici comment l'IA est utilisée dans ce domaine :

1. Véhicules autonomes :

Les véhicules autonomes utilisent une combinaison de capteurs, de caméras, de radars et de lidars pour percevoir leur environnement. Les réseaux neuronaux et les algorithmes de machine learning permettent de traiter ces données en temps réel et de prendre des décisions de conduite. Voici quelques aspects clés :

*- **Perception** : Les systèmes de perception détectent et classifient les objets autour du véhicule, tels que les autres véhicules, les piétons, et les panneaux de signalisation. Par exemple, le système de conduite autonome de Waymo utilise des capteurs lidar pour créer une carte 3D de l'environnement.*

*- **Planification des trajets** : Les algorithmes d'IA planifient des itinéraires sûrs et efficaces en tenant compte des conditions de circulation en temps réel. Par exemple, Tesla utilise des algorithmes de planification de trajectoire pour guider ses véhicules sur les routes de manière sûre.*

*- **Conduite autonome** : Les systèmes de conduite autonome prennent des décisions en temps réel, telles que freiner,*

accélérer et changer de voie, pour naviguer en toute sécurité. Des entreprises comme Tesla et Waymo sont à la pointe de cette technologie, avec des véhicules capables de circuler sans intervention humaine sur certaines routes.

2. *Transports en commun intelligents :*

L'IA améliore les systèmes de transports en commun en optimisant les opérations et en améliorant l'expérience des passagers. Voici quelques exemples supplémentaires :

*- **Gestion des flottes** : Les systèmes de gestion des flottes utilisent l'IA pour surveiller et coordonner les véhicules en temps réel, améliorant ainsi l'efficacité et la ponctualité. Par exemple, les algorithmes d'optimisation de la flotte de bus peuvent ajuster les horaires en fonction des conditions de trafic et des demandes des passagers.*

*- **Expérience des passagers** : Les applications mobiles équipées d'IA fournissent des informations en temps réel sur les horaires, les retards et les options de correspondance, permettant aux passagers de planifier leurs trajets de manière plus efficace. Par exemple, des applications comme*

Citymapper utilisent l'IA pour offrir des suggestions de trajets multimodaux en combinant différents moyens de transport.

3. Logistique et gestion des chaînes d'approvisionnement :

L'IA joue un rôle crucial dans l'optimisation des opérations logistiques et de la gestion des chaînes d'approvisionnement. Voici quelques exemples :

- Optimisation des itinéraires de livraison : Les algorithmes de machine learning analysent les données de trafic, les contraintes de livraison et les préférences des clients pour planifier des itinéraires optimisés, réduisant ainsi les délais et les coûts. Par exemple, des entreprises de logistique comme UPS et DHL utilisent des systèmes d'IA pour optimiser leurs itinéraires de livraison.

- Gestion des stocks : Les systèmes d'IA prévoient la demande et gèrent les niveaux de stock en temps réel, minimisant les ruptures de stock et les surstocks. Par exemple, des détaillants comme Walmart utilisent des algorithmes de prévision de la demande pour optimiser la gestion des stocks dans leurs entrepôts et magasins.

- *Suivi des expéditions* : Les algorithmes d'IA suivent les expéditions en temps réel et prévoient les retards potentiels, permettant aux entreprises de réagir rapidement et de tenir les clients informés. Par exemple, des plateformes de gestion de la chaîne d'approvisionnement comme Project44 utilisent l'IA pour fournir une visibilité en temps réel sur les expéditions.

Conclusion du chapitre

Ce chapitre a démontré comment l'IA transforme notre quotidien à travers ses applications dans les maisons intelligentes, les villes intelligentes, les soins de santé, les véhicules autonomes et les systèmes de transport. Ces innovations promettent d'améliorer notre qualité de vie, d'augmenter l'efficacité et de promouvoir la durabilité. L'IA continue de s'intégrer de manière de plus en plus importante dans notre quotidien, et ses impacts se font sentir à travers de nombreuses facettes de notre vie moderne.

Chapitre V
Éthique et Défis de l'IA

Section 1 : Problèmes éthiques associés à l'IA

L'introduction de l'intelligence artificielle dans divers aspects de la société soulève des questions éthiques importantes. Voici une exploration approfondie de ces enjeux:

*1. **Biais algorithmique** :*

Les biais algorithmiques peuvent perpétuer et amplifier les préjugés présents dans les données d'entraînement, ce qui peut conduire à des décisions injustes ou discriminatoires. Voici quelques exemples de biais et leurs implications :

*- **Reconnaissance faciale** : Des études ont révélé que les systèmes de reconnaissance faciale peuvent avoir des taux d'erreur plus élevés pour certains groupes ethniques et de genre. Par exemple, une étude du MIT a montré que certains systèmes de reconnaissance faciale avaient des taux d'erreur plus élevés pour les personnes à la peau foncée, ce qui peut conduire à des discriminations dans des contextes de surveillance ou de sécurité.*

- **Décisions automatisées :** Les algorithmes utilisés dans les processus de recrutement, les prêts bancaires et la justice pénale peuvent reproduire les biais existants. Par exemple, des algorithmes de recrutement peuvent favoriser inconsciemment les candidats masculins si les données d'entraînement sont basées sur des historiques de recrutement biaisés.

2. Transparence et décryptabilité :

Les modèles d'IA, en particulier les réseaux neuronaux profonds, sont souvent considérés comme des "boîtes noires" difficiles à interpréter. Il est crucial de développer des techniques pour rendre ces modèles plus transparents et explicables afin de garantir la confiance et l'acceptabilité des décisions automatisées. Voici quelques enjeux et solutions :

- **Méthodes de décryptage :** Des techniques comme LIME (Local Interpretable Model-agnostic Explanations) et SHAP (SHapley Additive exPlanations) aident à comprendre et interpréter les décisions prises par les modèles d'IA. Ces techniques fournissent des explications sur les prédictions des modèles en analysant l'importance des caractéristiques et en créant des approximations locales des décisions.

- *Responsabilité* : Les organisations doivent être responsables des décisions prises par leurs systèmes d'IA et être prêtes à expliquer ces décisions aux utilisateurs et aux régulateurs. Cela inclut la documentation des processus de développement des modèles et la mise en place de mécanismes de révision et de correction des erreurs.

3. **Confidentialité des données :**

L'utilisation de grandes quantités de données personnelles pour entraîner des modèles d'IA soulève des préoccupations en matière de confidentialité et de sécurité des données. Voici quelques enjeux et solutions :

- *Surveillance de masse* : L'utilisation de l'IA pour la surveillance à grande échelle, comme la reconnaissance faciale dans les espaces publics, peut porter atteinte à la vie privée des individus et entraîner des abus potentiels. Par exemple, des systèmes de surveillance basés sur la reconnaissance faciale ont été critiqués pour leur utilisation dans le suivi des mouvements et des activités des citoyens sans leur consentement.

- *Profilage* : Les systèmes d'IA peuvent être utilisés pour profiler les individus en fonction de leurs données personnelles, ce qui peut conduire à des discriminations et à des violations de la confidentialité. Par exemple, des algorithmes de marketing peuvent cibler des publicités en fonction des comportements en ligne des individus, soulevant des préoccupations en matière de confidentialité et d'éthique.

- **RGPD** : Le Règlement Général sur la Protection des Données (RGPD) en Europe impose des règles strictes sur la collecte, le traitement et le stockage des données personnelles, garantissant les droits des individus à la confidentialité et à la protection de leurs informations. Les entreprises doivent se conformer à ces réglementations pour éviter des sanctions et protéger la confidentialité des utilisateurs.

- **Anonymisation des données** : Les techniques d'anonymisation et de pseudonymisation permettent de réduire les risques de violation de la confidentialité en dissociant les données des individus identifiables. Par exemple, les données médicales peuvent être anonymisées avant d'être utilisées pour entraîner des modèles d'IA afin de protéger la vie privée des patients.

Section 2 : Biais dans les algorithmes et justice algorithmique

1. Origines des biais algorithmiques :

Les biais algorithmiques peuvent provenir de plusieurs sources, notamment :

- **Données biaisées** : *Les modèles d'IA apprennent à partir de données historiques qui peuvent contenir des biais sociaux, culturels ou économiques. Par exemple, des données de recrutement historiques peuvent refléter des pratiques de discrimination basées sur le genre ou l'origine ethnique.*

- **Conception des modèles** : *Les décisions prises lors de la conception des modèles, telles que le choix des caractéristiques et des algorithmes, peuvent introduire des biais involontaires. Par exemple, un algorithme de crédit pourrait attribuer une importance excessive à une caractéristique biaisée comme le code postal.*

- **Interactions humaines** : *Les interactions entre les utilisateurs et les systèmes d'IA peuvent également introduire des biais, car les utilisateurs peuvent modifier leur comportement en fonction des réponses de l'IA. Par exemple,* les utilisateurs peuvent ajuster leurs réponses aux questions des chatbots en fonction des résultats précédents.

2. **Atténuation des biais :**

Il est essentiel de mettre en place des mesures pour identifier et atténuer les biais dans les systèmes d'IA afin de promouvoir l'équité et la justice algorithmique. Voici quelques approches possibles :

- **Audit des algorithmes** : Réaliser des audits réguliers pour identifier les biais dans les modèles d'IA et évaluer leur impact sur différents groupes d'utilisateurs. Par exemple, des équipes pluridisciplinaires peuvent examiner les résultats des modèles et proposer des ajustements pour réduire les biais.

- **Diversité des données** : Utiliser des ensembles de données diversifiés et représentatifs pour entraîner les modèles, réduisant ainsi le risque de biais. Par exemple, inclure des données provenant de différentes régions géographiques et de divers groupes démographiques.

- **Équipes pluridisciplinaires** : Impliquer des experts de différents domaines, y compris des éthiciens, des *sociologues et des spécialistes des droits humains, dans le développement et la mise en œuvre des systèmes d'IA. Cette approche garantit que les perspectives diverses sont prises en compte et que les modèles sont conçus de manière éthique.*

Section 3 : Confidentialité des données et sécurité

1. Problèmes de confidentialité :

La collecte et le traitement de grandes quantités de données personnelles par les systèmes d'IA soulèvent des problèmes de confidentialité importants. Voici quelques préoccupations:

*- **Surveillance de masse** : L'utilisation de l'IA pour la surveillance à grande échelle, comme la reconnaissance faciale dans les espaces publics, peut porter atteinte à la vie privée des individus et entraîner des abus potentiels. Par exemple, des systèmes de surveillance basés sur la reconnaissance faciale ont été critiqués pour leur utilisation dans le suivi des mouvements et des activités des citoyens sans leur consentement.*

- **Profilage** : Les systèmes d'IA peuvent être utilisés pour profiler les individus en fonction de leurs données personnelles, ce qui peut conduire à des discriminations et à des violations de la confidentialité. Par exemple, des algorithmes de marketing peuvent cibler des publicités en fonction des comportements en ligne des individus, soulevant des préoccupations en matière de confidentialité et d'éthique.

2. **Mesures de sécurité :**

Il est crucial de mettre en place des mesures de sécurité robustes pour protéger les données personnelles et prévenir les violations de la confidentialité. Voici quelques approches:

- **Chiffrement des données** : Utiliser des techniques de chiffrement pour protéger les données personnelles pendant leur stockage et leur transmission. Par exemple, les données sensibles peuvent être chiffrées avant d'être stockées dans des bases de données pour prévenir les accès non autorisés.

- **Contrôles d'accès** : Mettre en place des contrôles d'accès stricts pour limiter l'accès aux données sensibles uniquement aux personnes autorisées. Par exemple, les systèmes de *gestion des accès peuvent restreindre les droits des utilisateurs en fonction de leurs rôles et responsabilités.*

*- **Surveillance et détection des intrusions** : Utiliser des systèmes de détection des intrusions et des mesures de surveillance pour identifier et répondre rapidement aux incidents de sécurité. Par exemple, des systèmes d'IA peuvent analyser les journaux de sécurité pour détecter des comportements anormaux et déclencher des alertes en cas de tentatives d'intrusion.*

Conclusion du chapitre

Ce chapitre a examiné en profondeur les principaux problèmes éthiques et défis liés à l'utilisation de l'IA, y compris les biais algorithmiques, la transparence, la confidentialité des données et la sécurité. Il est essentiel de s'attaquer à ces problèmes pour garantir que l'IA est utilisée de manière éthique et responsable, promouvant ainsi l'équité, la justice et la protection des droits humains. La collaboration entre les experts en technologie, les éthiciens, les législateurs et la société civile est nécessaire pour élaborer des solutions équilibrées et durables.

Chapitre VI

Perspectives Futures de l'IA

Section 1 : Prédictions pour les 10-20 prochaines années

L'intelligence artificielle (IA) est une technologie en constante évolution qui a le potentiel de transformer divers aspects de notre société dans les décennies à venir. Voici une exploration plus détaillée et approfondie des prédictions pour les 10-20 prochaines années :

1. Automatisation accrue :

L'automatisation par l'IA continuera de se développer, touchant de nombreux secteurs de manière profonde :

- **Industrie manufacturière** : Les usines intelligentes intégreront des robots autonomes et des systèmes d'IA pour optimiser la production, réduire les coûts et améliorer la qualité. Par exemple, les chaînes de montage utiliseront des robots collaboratifs (cobots) qui travailleront aux côtés des humains, augmentant ainsi la productivité.

- **Agriculture** : L'agriculture de précision, aidée par des drones, des capteurs intelligents et des systèmes d'IA, permettra une gestion plus efficace des cultures et des ressources naturelles. Des algorithmes analyseront les données météorologiques et du sol pour recommander des actions spécifiques, telles que l'irrigation et la fertilisation, maximisant ainsi les rendements.

- **Services** : Des systèmes d'IA automatiques géreront des tâches administratives, le support client et certains aspects des soins de santé. Par exemple, les chatbots et les agents virtuels fourniront un support client 24/7, résolvant des problèmes courants et permettant aux employés de se concentrer sur des tâches plus complexes.

2. **Améliorations dans le domaine médical :**

L'IA jouera un rôle croissant dans le domaine médical, en fournissant des diagnostics plus précis et des traitements personnalisés :

- **Diagnostic précoce** : Des algorithmes d'IA pourront détecter les maladies à un stade précoce en analysant des images médicales, des données génétiques et des dossiers médicaux électroniques. Par exemple, des systèmes d'IA pourront identifier des signes précoces de cancer dans les mammographies, permettant une intervention rapide et augmentant les chances de guérison.

- **Médecine personnalisée** : L'IA permettra de développer des traitements sur mesure en fonction des caractéristiques génétiques de chaque patient, améliorant ainsi l'efficacité des thérapies. Par exemple, des traitements ciblés pour le cancer seront adaptés aux mutations spécifiques présentes chez chaque patient.

- **Surveillance de la santé** : Les dispositifs portables équipés de capteurs et d'IA permettront une surveillance continue de la santé, alertant les utilisateurs et les professionnels de santé en cas d'anomalies. Par exemple, des montres intelligentes pourront détecter des irrégularités cardiaques et alerter l'utilisateur pour qu'il consulte un médecin.

3. *Révolution du transport :*

Les avancées en IA transformeront le secteur du transport, rendant les déplacements plus sûrs, plus efficaces et plus écologiques :

- **Véhicules autonomes** : Les voitures, camions et drones autonomes deviendront courants, réduisant les accidents de la route et les émissions de carbone. Par exemple, les flottes de camions autonomes transporteront des marchandises sur de longues distances, optimisant les itinéraires et réduisant les coûts de carburant.

- **Transports en commun intelligents** : Les systèmes de transport en commun utiliseront l'IA pour optimiser les horaires, les itinéraires et la gestion des flottes, améliorant ainsi l'efficacité et la ponctualité. Par exemple, les bus et les trains ajusteront automatiquement leurs horaires en fonction des conditions de trafic et des demandes des passagers.

- **Logistique** : Les entreprises de logistique adopteront des solutions d'IA pour optimiser les chaînes d'approvisionnement, réduire les coûts et améliorer la satisfaction des clients. Par exemple, les entrepôts automatisés utiliseront des robots pour stocker, récupérer et expédier des produits de manière efficace.

4. **Éducation et apprentissage :**

L'IA révolutionnera l'éducation et l'apprentissage en offrant des expériences personnalisées et adaptatives :

- **Apprentissage personnalisé** : Les systèmes d'IA adapteront les contenus pédagogiques et les méthodes d'enseignement en fonction des besoins et des préférences de chaque élève. Par exemple, les plateformes d'apprentissage en ligne recommanderont des ressources spécifiques en fonction des progrès et des intérêts de l'élève.

- **Tutoriels intelligents** : Les tuteurs virtuels utiliseront l'IA pour fournir un soutien personnalisé aux élèves, répondant à leurs questions et les aidant à surmonter les difficultés. Par exemple, des assistants virtuels pourront expliquer des concepts complexes de manière simple et accessible.

- **Analyse des performances** : L'IA analysera les données des élèves pour identifier les domaines nécessitant une attention particulière et fournir des recommandations pour améliorer les performances. Par exemple, les enseignants recevront des rapports détaillés sur les progrès de chaque élève, permettant des interventions ciblées.

5. Éthique et réglementation :

Avec l'évolution de l'IA, il sera crucial de mettre en place des cadres éthiques et réglementaires pour garantir une utilisation responsable et équitable de cette technologie :

- **Réglementation** : *Les gouvernements et les organisations internationales développeront des réglementations pour encadrer l'utilisation de l'IA, protégeant les droits des individus et garantissant la transparence et l'équité des systèmes d'IA. Par exemple, des normes internationales sur la transparence des algorithmes seront établies pour garantir que les décisions prises par l'IA sont compréhensibles et vérifiables.*

- **Éthique** : *Les chercheurs et les entreprises devront adopter des principes éthiques pour éviter les biais, protéger la confidentialité des données et garantir la sécurité des systèmes d'IA. Par exemple, des comités d'éthique veilleront à ce que les projets d'IA respectent les valeurs éthiques et les droits humains.*

Section 2 : Les technologies IA à surveiller

Voici quelques-unes des technologies d'IA émergentes à surveiller de près :

1. Intelligence artificielle générale (IAG) :

L'IAG, également connue sous le nom d'intelligence artificielle forte, représente un stade où les machines possèdent une intelligence comparable à celle des humains, capable de comprendre, apprendre et s'adapter à de multiples domaines sans intervention humaine. Bien que l'IAG soit encore théorique, des recherches intensives sont en cours pour rapprocher cette vision de la réalité. Par exemple, des projets de recherche visent à créer des systèmes capables de raisonner de manière abstraite et de prendre des décisions complexes de manière autonome.

2. Apprentissage par transfert :

L'apprentissage par transfert consiste à appliquer les connaissances acquises dans un domaine à un autre domaine, réduisant ainsi le besoin d'un grand nombre de données d'entraînement. Cette technique promet d'améliorer l'efficacité des modèles d'IA et d'élargir leur application à de nouveaux domaines. Par exemple, des modèles formés pour la reconnaissance d'images médicales pourraient être adaptés pour analyser des images dans d'autres domaines, comme la géologie.

3. Systèmes multi-agents :

Les systèmes multi-agents impliquent plusieurs agents intelligents qui interagissent et collaborent pour résoudre des problèmes complexes. Ces systèmes sont utilisés dans des domaines tels que la logistique, la gestion des ressources et les jeux vidéo, et promettent d'améliorer l'efficacité et la coordination des tâches. Par exemple, des agents intelligents pourront collaborer pour gérer la distribution de l'énergie dans des réseaux électriques intelligents, optimisant ainsi la consommation d'énergie.

4. Interfaces cerveau-ordinateur (BCI) :

Les interfaces cerveau-ordinateur permettent une communication directe entre le cerveau humain et les dispositifs informatiques. Ces technologies ont le potentiel de révolutionner des domaines tels que la santé, en aidant les personnes paralysées à contrôler des prothèses ou des ordinateurs par la pensée. Par exemple, des dispositifs BCI pourront permettre à des patients atteints de paralysie de communiquer et de contrôler leur environnement de manière autonome.

5. IA décryptable et interprétable :

Avec l'augmentation de la complexité des modèles d'IA, il est crucial de développer des techniques pour rendre ces *modèles plus explicables et interprétables. Les technologies d'IA explicable visent à fournir des explications compréhensibles sur le fonctionnement des modèles et les raisons de leurs décisions, renforçant ainsi la confiance et l'acceptation de l'IA. Par exemple, des outils de décryptage permettront aux utilisateurs de comprendre pourquoi un modèle d'IA a pris une certaine décision, facilitant ainsi l'audit et la régulation des systèmes d'IA.*

Section 3 : L'impact potentiel de l'IA sur l'économie et le marché du travail

L'IA a le potentiel de transformer radicalement l'économie et le marché du travail, offrant à la fois des opportunités et des défis. Voici une exploration détaillée de ces impacts :

1. Automatisation des emplois :

L'automatisation par l'IA pourrait remplacer certains emplois, en particulier ceux qui impliquent des tâches répétitives et routinières. Par exemple :

*- **Manufacture** : Les robots industriels pourront effectuer des tâches répétitives et dangereuses, réduisant ainsi les coûts de production et améliorant la sécurité des travailleurs.*

*- **Services** : Les chatbots et les agents virtuels pourront gérer des tâches administratives et de support client, libérant*

les employés pour des tâches plus complexes nécessitant des compétences humaines uniques.

2. **Création de nouveaux emplois :**

L'IA créera également de nouveaux emplois et opportunités dans des domaines tels que le développement de logiciels, l'analyse de données, la maintenance des systèmes d'IA et l'éthique de l'IA. Voici quelques exemples :

- **Développement de logiciels** : La demande pour des développeurs de logiciels spécialisés en IA et en machine learning augmentera. Ces professionnels travailleront sur la conception, le développement et l'amélioration des algorithmes d'IA, créant des solutions innovantes pour divers secteurs.

- **Analyse de données** : Les data scientists et les analystes de données seront essentiels pour interpréter les vastes quantités de données générées par les systèmes d'IA. Ils utiliseront des outils d'analyse avancés pour extraire des informations précieuses et aider les organisations à prendre des décisions éclairées.

- *Maintenance des systèmes d'IA* : Les techniciens et les ingénieurs spécialisés dans la maintenance des systèmes d'IA seront nécessaires pour assurer le bon fonctionnement des infrastructures d'IA. Ils seront responsables de la surveillance, de la mise à jour et de la réparation des systèmes d'IA pour garantir leur performance optimale.

- *Éthique de l'IA* : Les experts en éthique de l'IA joueront un rôle crucial dans le développement et la mise en œuvre de politiques et de pratiques éthiques. Ils veilleront à ce que les systèmes d'IA respectent les principes éthiques et protègent les droits des individus.

3. Augmentation de la productivité :

L'IA a le potentiel d'augmenter la productivité dans de nombreux secteurs en automatisant les tâches, en optimisant les processus et en améliorant la prise de décision. Voici comment cela se manifestera :

- *Automatisation des tâches répétitives* : L'IA permettra d'automatiser les tâches répétitives et chronophages, libérant ainsi les travailleurs pour des tâches plus créatives et à plus forte valeur ajoutée. Par exemple, les entreprises pourront automatiser la gestion des courriels, la saisie de données et le traitement des commandes, améliorant ainsi l'efficacité opérationnelle.

- **Optimisation des processus** : Les algorithmes d'IA analyseront les processus organisationnels pour identifier les inefficacités et proposer des améliorations. Par exemple, l'IA pourra optimiser les chaînes d'approvisionnement, réduisant les délais de livraison et les coûts de production.

- **Amélioration de la prise de décision** : L'IA fournira des analyses prédictives et des recommandations basées sur des données, aidant les décideurs à prendre des décisions plus éclairées et stratégiques. Par exemple, les dirigeants d'entreprise pourront utiliser des tableaux de bord alimentés par l'IA pour surveiller les performances et ajuster leurs stratégies en temps réel.

4. Inégalités économiques :

L'adoption de l'IA pourrait exacerber les inégalités économiques si les bénéfices de cette technologie ne sont pas répartis équitablement. Voici quelques enjeux et solutions :

- ***Concentration des richesses*** : *Les entreprises technologiques et les pays qui investissent massivement dans l'IA pourraient bénéficier de gains économiques disproportionnés, augmentant ainsi les écarts de richesse. Pour atténuer ce risque, il sera essentiel de promouvoir des politiques publiques favorisant une répartition équitable des bénéfices de l'IA.*

- ***Exclusion des travailleurs*** : *Les travailleurs des secteurs les plus vulnérables pourraient être exclus du marché du travail en raison de l'automatisation. Il sera crucial de mettre en place des programmes de reconversion et de formation pour aider ces travailleurs à acquérir de nouvelles compétences et à s'adapter aux changements du marché du travail.*

- ***Accès inégal aux technologies*** : *Les pays en développement pourraient avoir un accès limité aux technologies d'IA avancées, exacerbant les inégalités mondiales. Pour remédier à cette situation, des initiatives de coopération internationale et de transfert de technologies seront nécessaires pour garantir un accès équitable à l'IA.*

5. Économie de la donnée :

L'IA dépend fortement des données, et la gestion de celles-ci deviendra une composante clé de l'économie moderne. Voici quelques aspects importants de l'économie de la donnée :

- **Collecte et stockage des données** : Les entreprises et les gouvernements devront développer des stratégies pour collecter, stocker et analyser les données de manière éthique et sécurisée. Par exemple, des infrastructures de stockage de données évolutives et des protocoles de sécurité robustes seront essentiels pour gérer les volumes croissants de données.

- **Réglementation des données** : Les régulateurs devront mettre en place des cadres législatifs pour protéger les droits des individus et garantir une utilisation responsable des données. Par exemple, des lois comme le RGPD en Europe imposent des obligations strictes en matière de protection des données et de respect de la vie privée.

- **Monétisation des données** : Les entreprises exploreront des moyens de monétiser les données tout en respectant les *normes éthiques et les réglementations. Par exemple, les données anonymisées et agrégées pourront être vendues ou partagées pour des analyses de marché, des recherches scientifiques ou des services personnalisés.*

Conclusion du chapitre

Ce chapitre a exploré les perspectives futures de l'IA, y compris les prédictions pour les 10-20 prochaines années, les technologies émergentes à surveiller et l'impact potentiel de l'IA sur l'économie et le marché du travail. Alors que l'IA continue de progresser, il sera essentiel de garantir que cette technologie est utilisée de manière éthique et responsable, afin de maximiser ses avantages tout en minimisant ses risques. La collaboration entre les gouvernements, les entreprises, les chercheurs et la société civile sera cruciale pour façonner un avenir où l'IA contribue à un développement équitable et durable.

Chapitre VII

L'IA et la Durabilité : Vers un Futur Écoresponsable

L'intelligence artificielle (IA) joue un rôle crucial dans la promotion de la durabilité et la lutte contre le changement climatique. En optimisant l'utilisation des ressources, en améliorant l'efficacité énergétique et en soutenant la gestion environnementale, l'IA peut aider les sociétés à atteindre leurs objectifs de développement durable. Ce chapitre explore en détail les différentes manières dont l'IA contribue à la durabilité, les défis associés et les perspectives futures.

Section 1 : Optimisation des Ressources Naturelles

1. Agriculture de Précision :

L'agriculture de précision utilise des technologies d'IA pour optimiser les pratiques agricoles, augmenter les rendements et réduire l'impact environnemental. Voici quelques exemples détaillés :

- **Capteurs et Drones** : Les capteurs et les drones équipés d'IA collectent des données en temps réel sur les conditions des sols, des cultures et des environnements. Ces données comprennent des informations sur la teneur en eau, les nutriments, la température et la présence de parasites. Les algorithmes d'IA analysent ces données pour fournir des recommandations précises sur l'irrigation, la fertilisation et la protection des cultures. Par exemple, un capteur peut détecter une faible teneur en azote dans le sol et recommander une application spécifique d'engrais.

- **Modèles Prédictifs** : Les algorithmes d'IA prévoient les rendements des cultures et les besoins en intrants en analysant des données historiques et en temps réel. Par exemple, l'IA peut utiliser des modèles de prévision météorologique pour recommander les périodes optimales de plantation et de récolte. Ces modèles prennent en compte des facteurs tels que les précipitations, la température et les tendances climatiques pour maximiser les rendements et réduire les pertes.

2. Gestion de l'Eau :

La gestion durable de l'eau est cruciale pour faire face aux pénuries et améliorer l'efficacité. L'IA contribue à cette gestion de plusieurs manières :

*- **Systèmes Intelligents d'Irrigation** : Les systèmes d'irrigation intelligents utilisent l'IA pour ajuster l'application de l'eau en fonction des besoins spécifiques des cultures et des conditions météorologiques. Par exemple, un système d'irrigation intelligent peut analyser les données des capteurs de sol et des prévisions météorologiques pour déterminer la quantité exacte d'eau nécessaire à chaque zone de culture, réduisant ainsi le gaspillage et conservant les ressources en eau.*

*- **Détection des fuites** : Les algorithmes d'IA analysent les données des réseaux de distribution d'eau pour détecter les fuites et les anomalies. Par exemple, un réseau de capteurs peut surveiller la pression de l'eau et détecter les variations inhabituelles, signalant une fuite potentielle. Les opérateurs peuvent ensuite intervenir rapidement pour réparer les fuites et minimiser les pertes d'eau.*

Section 2 : Efficacité Énergétique

1. Réseaux Électriques Intelligents :

Les réseaux électriques intelligents, ou smart grids, intègrent des technologies d'IA pour améliorer la gestion de l'énergie et la résilience des infrastructures. Voici comment :

- **Prévision de la Demande :** *L'IA analyse les données historiques et en temps réel pour prévoir la demande d'énergie. Les modèles prédictifs utilisent des algorithmes de machine learning pour anticiper les pics de consommation et optimiser la production. Par exemple, en analysant les tendances de consommation et les prévisions météorologiques, les opérateurs peuvent ajuster la production d'électricité pour répondre à la demande, évitant ainsi les pénuries et les surproductions.*

- **Intégration des Énergies Renouvelables :** *Les systèmes d'IA optimisent l'intégration des énergies renouvelables, telles que l'énergie solaire et éolienne, dans les réseaux électriques. Les algorithmes ajustent la production en fonction des conditions météorologiques et de la demande, garantissant une alimentation stable et durable. Par exemple, l'IA peut ajuster la production d'énergie éolienne en fonction des* *prévisions de vent, maximisant ainsi l'utilisation des ressources renouvelables.*

2. Efficacité des Bâtiments :

Les bâtiments intelligents utilisent des technologies d'IA pour optimiser la consommation d'énergie et réduire l'empreinte carbone :

*- **Systèmes de gestion de l'énergie** : Les systèmes de gestion de l'énergie basés sur l'IA surveillent et contrôlent l'utilisation de l'énergie dans les bâtiments. Par exemple, un système peut ajuster automatiquement l'éclairage, la climatisation et le chauffage en fonction de l'occupation des pièces et des conditions extérieures, réduisant ainsi la consommation d'énergie inutile et améliorant le confort des occupants.*

*- **Maintenance Prédictive** : Les algorithmes d'IA prévoient les défaillances des équipements et planifient la maintenance préventive. Par exemple, des capteurs peuvent surveiller les performances des systèmes de chauffage, ventilation et climatisation (CVC) et signaler les anomalies avant qu'elles ne conduisent à des pannes coûteuses. Cela permet de réduire les coûts de maintenance et d'améliorer l'efficacité énergétique des bâtiments.*

Section 3 : Surveillance et Protection de l'Environnement

1. Surveillance de la Qualité de l'Air :

L'IA joue un rôle crucial dans la surveillance et l'amélioration de la qualité de l'air :

- **Capteurs environnementaux** : Les capteurs équipés d'IA collectent des données sur les niveaux de pollution atmosphérique et les émetteurs de polluants. Les modèles d'IA analysent ces données pour identifier les sources de pollution et évaluer leur impact sur la santé publique. Par exemple, des capteurs peuvent détecter des concentrations élevées de particules fines (PM2.5) et les algorithmes d'IA peuvent déterminer leur origine, comme les émissions industrielles ou le trafic routier.

- **Modèles de prévision** : Les algorithmes d'IA prévoient les épisodes de pollution et proposent des mesures d'atténuation. Par exemple, en analysant les conditions météorologiques et les émissions de polluants, les modèles prédictifs peuvent anticiper les pics de pollution et *recommander des actions telles que la réduction du trafic ou la fermeture temporaire des sources de pollution.*

2. Protection de la Biodiversité :

L'IA contribue à la protection de la biodiversité en surveillant les écosystèmes et en soutenant les efforts de conservation :

- Suivi des espèces : *Les drones et les capteurs équipés d'IA surveillent les populations d'espèces menacées et leur habitat. Par exemple, des drones peuvent survoler des zones protégées et capturer des images de la faune. Les algorithmes de vision par ordinateur analysent ces images pour estimer les populations et détecter les changements dans l'habitat.*

- Prévention du braconnage : *Les systèmes d'IA détectent les activités illégales de braconnage en analysant les images satellites et les données de surveillance. Par exemple, des algorithmes peuvent identifier des patterns de comportement caractéristiques des braconniers et alerter les gardes forestiers pour une intervention rapide.*

Section 4 : Gestion des Déchets et Économie Circulaire

L'IA joue un rôle important dans la gestion des déchets et la promotion de l'économie circulaire, qui vise à minimiser les déchets et maximiser la réutilisation des ressources :

1. Tri et Recyclage des Déchets :

Les systèmes d'IA améliorent l'efficacité du tri et du recyclage des déchets :

- **Robots de Tri** : Les robots équipés de systèmes de vision par ordinateur et d'algorithmes d'IA identifient et séparent les matériaux recyclables sur les lignes de tri. Par exemple, un robot peut distinguer le plastique, le verre, le métal et le papier, et les trier avec une grande précision, réduisant ainsi la contamination croisée et augmentant les taux de recyclage.

- **Analyse des déchets** : Les modèles d'IA analysent les compositions des déchets pour optimiser les processus de recyclage et identifier les opportunités de valorisation des matériaux. Par exemple, l'IA peut détecter des matériaux recyclables non triés et proposer des améliorations pour les processus de tri existants.

2. Optimisation des Chaînes d'Approvisionnement :

L'IA optimise les chaînes d'approvisionnement pour soutenir l'économie circulaire :

- **Gestion des Stocks** : Les algorithmes de machine learning prévoient la demande et ajustent les niveaux de stock pour minimiser les surplus et les pertes. Par exemple, l'IA peut analyser les tendances de vente et les cycles saisonniers pour recommander des niveaux de stock optimaux, réduisant ainsi le gaspillage et les coûts.

- **Logistique Inverse** : L'IA optimise la logistique inverse, qui consiste à récupérer les produits en fin de vie pour les recycler ou les réutiliser. Par exemple, les algorithmes peuvent planifier les itinéraires de collecte et de distribution les plus efficaces pour les matériaux recyclables, réduisant ainsi les coûts de transport et les émissions de carbone.

Section 5 : Autres Domaines d'Application de l'IA pour la Durabilité

L'IA est également utilisée dans d'autres domaines pour soutenir les objectifs de durabilité et promouvoir un avenir écoresponsable :

1. **Prévision et Gestion des Catastrophes Naturelles :**

Les algorithmes d'IA jouent un rôle crucial dans la prévision et la gestion des catastrophes naturelles :

- **Prévision des inondations :** *L'IA analyse les données hydrologiques, météorologiques et géospatiales pour prévoir les risques d'inondation. Par exemple, des modèles prédictifs peuvent utiliser des données en temps réel pour estimer la probabilité d'inondations et alerter les autorités locales afin de prendre des mesures préventives.*

- **Prévention des Incendies de Forêt :** *Les systèmes d'IA surveillent les conditions météorologiques, la couverture végétale et d'autres facteurs pour détecter les risques d'incendies de forêt. Par exemple, des drones équipés de capteurs et d'algorithmes d'IA peuvent détecter les départs de feu et envoyer des alertes précoces aux services de secours.*

2. **Urbanisme et Aménagement du Territoire** :

L'IA est utilisée pour améliorer la planification urbaine et promouvoir des villes durables :

- **Modèles de Trafic :** *Les algorithmes de machine learning analysent les données de trafic pour optimiser les flux de circulation et réduire la congestion. Par exemple, des systèmes intelligents de gestion du trafic peuvent ajuster les feux de signalisation en temps réel pour fluidifier la circulation et réduire les émissions de gaz à effet de serre.*

- **Planification des infrastructures :**

L'IA aide à planifier les infrastructures urbaines de manière durable, en optimisant l'emplacement des bâtiments, des espaces verts et des réseaux de transport. Par exemple, des modèles d'IA peuvent simuler différents scénarios de développement pour évaluer leur impact environnemental et social.

3. **Gestion des Ressources Naturelles :**

L'IA contribue à la gestion durable des ressources naturelles en optimisant leur utilisation et en réduisant les impacts environnementaux :

- **Gestion des Pêcheries :** *Les algorithmes d'IA analysent les données sur les populations de poissons et les pratiques de pêche pour garantir une exploitation durable. Par exemple, des modèles prédictifs peuvent estimer les stocks de poissons et recommander des quotas de pêche pour prévenir la surpêche.*

- **Exploitation Minière Responsable** : L'IA optimise les opérations minières pour minimiser les impacts environnementaux et maximiser l'efficacité des ressources. Par exemple, des systèmes de surveillance en temps réel peuvent détecter les risques de pollution et recommander des mesures correctives.

Section 6 : Défis et Perspectives Futures de l'IA pour la Durabilité

L'adoption de l'IA pour promouvoir la durabilité présente plusieurs défis, mais aussi des perspectives prometteuses pour l'avenir :

1. Défis :

- **Accès aux Données** : L'accès à des données de haute qualité et en quantité suffisante est essentiel pour entraîner des modèles d'IA performants. Cependant, les données peuvent être dispersées, incomplètes ou protégées par des réglementations de confidentialité.

- **Complexité des Modèles** : Les modèles d'IA complexes nécessitent des ressources de calcul importantes et une *expertise technique avancée, ce qui peut limiter leur adoption dans certaines régions ou industries.*

*- **Acceptation Sociale** : L'acceptation de l'IA par le public et les parties prenantes est cruciale pour la mise en œuvre réussie de solutions durables. Il est nécessaire de sensibiliser aux avantages de l'IA tout en abordant les préoccupations éthiques et de confidentialité.*

2. Perspectives Futures :

*- **Innovation Continue** : Les avancées en IA continueront d'améliorer les solutions durables, rendant les modèles plus efficaces, robustes et accessibles. Par exemple, les techniques d'apprentissage auto-supervisé et d'apprentissage par transfert permettront de réduire la dépendance aux données étiquetées et d'étendre les applications de l'IA à de nouveaux domaines.*

*- **Collaboration Mondiale** : La collaboration entre les gouvernements, les entreprises, les chercheurs et les organisations internationales sera essentielle pour maximiser les bénéfices de l'IA pour la durabilité. Des initiatives conjointes pourront faciliter le partage des données, des*

technologies et des meilleures pratiques pour relever les défis mondiaux.

- **Cadres Réglementaires** : *Le développement de cadres réglementaires et de normes éthiques pour l'utilisation de l'IA contribuera à garantir une adoption responsable et équitable de cette technologie. Par exemple, des réglementations sur la transparence des algorithmes et la protection des données personnelles renforceront la confiance du public.*

Conclusion du Chapitre

Ce chapitre a exploré en profondeur comment l'IA peut contribuer à la durabilité et à la lutte contre le changement climatique en optimisant l'utilisation des ressources, en améliorant l'efficacité énergétique, en soutenant la surveillance environnementale et en promouvant l'économie circulaire. Alors que les technologies d'IA continuent de progresser, leur potentiel à soutenir un avenir écoresponsable devient de plus en plus évident. Pour maximiser ces bénéfices, il est crucial de continuer à investir dans la recherche, le développement et la mise en œuvre de solutions d'IA durables. La collaboration mondiale et l'élaboration de cadres réglementaires solides seront également essentielles pour garantir une adoption responsable et équitable de l'IA.

Chapitre VIII
Réflexions sur le Futur de l'IA et l'Importance de Rester Informé

L'intelligence artificielle (IA) est une technologie en évolution rapide qui a le potentiel de transformer chaque aspect de notre vie. Alors que nous avançons vers un avenir de plus en plus axé sur l'IA, il est crucial de réfléchir à son impact et de rester informé des développements en cours. Voici des réflexions plus détaillées et approfondies sur le futur de l'IA :

Section 1 : Innovation Continue et Adaptation

L'innovation en IA ne montre aucun signe de ralentissement. Des progrès continus dans les algorithmes, les architectures de réseaux neuronaux et les capacités de calcul ouvriront de nouvelles possibilités et applications. Il est essentiel de rester adaptable et de continuer à apprendre pour tirer parti de ces avancées.

*- **Avancées technologiques** : Les avancées en IA, telles que les modèles de langage de grande taille, les réseaux*

antagonistes génératifs (GANs), et les techniques d'apprentissage profond, continueront de transformer divers secteurs. Par exemple, les modèles de langage, comme GPT-3, amélioreront les interactions humaines-machines, tandis que les GANs permettront de créer des contenus visuels et auditifs de haute qualité.

- **Adaptabilité** : Les professionnels et les entreprises devront s'adapter rapidement aux nouvelles technologies d'IA pour rester compétitifs. Cela inclut la formation continue, l'acquisition de nouvelles compétences et l'adoption de pratiques innovantes.

Section 2 : Importance de l'Éthique et de la Réglementation

Avec les possibilités immenses offertes par l'IA viennent des responsabilités importantes. Il est crucial de mettre en place des cadres éthiques et réglementaires solides pour garantir que l'IA est utilisée de manière responsable et équitable.

- **Cadres Éthiques** : Les chercheurs et les développeurs doivent intégrer des principes éthiques dans la conception et *la mise en œuvre des systèmes d'IA. Cela inclut le respect de la vie privée, la transparence, l'équité et la responsabilité. Par exemple, les algorithmes doivent être conçus pour éviter les biais et garantir des décisions équitables.*

- **Réglementations** : *Les gouvernements et les organisations internationales doivent élaborer des réglementations pour encadrer l'utilisation de l'IA. Par exemple, le RGPD en Europe impose des règles strictes sur la collecte, le traitement et le stockage des données personnelles. Des réglementations similaires doivent être développées pour protéger les droits des individus et garantir l'utilisation éthique de l'IA.*

Section 3 : Collaboration et Partage des Connaissances

Le futur de l'IA dépendra également de la collaboration entre les gouvernements, les entreprises, les chercheurs et la société civile. Le partage des connaissances, des technologies et des meilleures pratiques sera essentiel pour maximiser les bénéfices de l'IA et relever les défis globaux.

- **Partenariats Public-Privé** : Les partenariats entre les secteurs public et privé peuvent accélérer le développement et l'adoption de technologies d'IA. Par exemple, les collaborations entre les universités, les entreprises technologiques et les gouvernements peuvent favoriser la recherche et l'innovation.

- **Écosystèmes d'Innovation** : La création d'écosystèmes d'innovation, tels que les pôles technologiques et les incubateurs, peut encourager l'échange de connaissances et la collaboration entre les startups, les chercheurs et les grandes entreprises. Cela permet de catalyser les avancées technologiques et de créer des synergies positives.

Section 4 : Éducation et Sensibilisation

Il est essentiel d'investir dans l'éducation et la formation pour préparer les générations futures à un monde de plus en plus influencé par l'IA. La sensibilisation du public aux implications de l'IA et aux compétences nécessaires pour naviguer dans cet environnement technologique est cruciale.

- **Formation en IA** : Les établissements d'enseignement doivent intégrer des cours et des programmes sur l'IA dans *leurs curricula. Cela inclut la formation en sciences des données, en apprentissage automatique et en éthique de l'IA. Par exemple, les universités peuvent proposer des diplômes en intelligence artificielle et en sciences des données pour former les futurs professionnels du domaine.*

*- **Sensibilisation du public** : Il est important de sensibiliser le grand public aux impacts de l'IA sur la société et l'économie. Des initiatives de communication, telles que des campagnes de sensibilisation, des conférences et des ateliers, peuvent aider à démystifier l'IA et à informer les citoyens sur ses avantages et ses risques.*

Section 5 : Rester Informé

Dans un domaine en constante évolution comme l'IA, rester informé est vital. Suivre les publications scientifiques, participer à des conférences, et s'engager dans des communautés professionnelles permettent de se tenir à jour avec les dernières recherches et innovations. Cela aide à anticiper les tendances futures et à prendre des décisions éclairées.

- **Publications scientifiques** : Lire des articles de revues scientifiques et des rapports de recherche permet de rester à jour avec les avancées les plus récentes en IA. Des plateformes comme arXiv, IEEE Xplore et Google Scholar offrent un accès à des publications de pointe.

- **Conférences et Événements** : Participer à des conférences et à des événements sur l'IA, tels que NeurIPS, ICML et AAAI, offre des opportunités de réseautage et de partage des connaissances avec des experts du domaine. Ces événements permettent également de découvrir les dernières innovations et de discuter des défis et des perspectives de l'IA.

- **Communautés Professionnelles** : Rejoindre des communautés professionnelles et des groupes de discussion sur l'IA permet d'échanger des idées, de poser des questions et de collaborer sur des projets. Des plateformes comme LinkedIn, GitHub et les forums de recherche offrent des espaces pour interagir avec des pairs et des mentors.

Conclusion

L'intelligence artificielle (IA) est une technologie en évolution rapide qui a le potentiel de transformer chaque aspect de notre vie. Alors que nous avançons vers un avenir de plus en plus axé sur l'IA, il est crucial de réfléchir à son impact et de rester informé des développements en cours.

L'innovation en IA ne montre aucun signe de ralentissement. Des progrès continus dans les algorithmes, les architectures de réseaux neuronaux et les capacités de calcul ouvriront de nouvelles possibilités et applications. Il est essentiel de rester adaptable et de continuer à apprendre pour tirer parti de ces avancées. Les avancées en IA, telles que les modèles de langage de grande taille, les réseaux antagonistes génératifs (GANs), et les techniques d'apprentissage profond, continueront de transformer divers secteurs. Par exemple, les modèles de langage, comme GPT-3, amélioreront les interactions humaines-machines, tandis que les GANs permettront de créer des contenus visuels et auditifs de haute qualité. Les professionnels et les entreprises devront s'adapter rapidement aux nouvelles technologies d'IA pour rester compétitifs. Cela inclut la *formation continue, l'acquisition de nouvelles compétences et l'adoption de pratiques innovantes.*

Avec les possibilités immenses offertes par l'IA viennent des responsabilités importantes. Il est crucial de mettre en place des cadres éthiques et réglementaires solides pour garantir que l'IA est utilisée de manière responsable et équitable. Les chercheurs et les développeurs doivent intégrer des principes éthiques dans la conception et la mise en œuvre des systèmes d'IA. Cela inclut le respect de la vie privée, la transparence, l'équité et la responsabilité. Par exemple, les algorithmes doivent être conçus pour éviter les biais et garantir des décisions équitables. Les gouvernements et les organisations internationales doivent élaborer des réglementations pour encadrer l'utilisation de l'IA. Par exemple, le RGPD en Europe impose des règles strictes sur la collecte, le traitement et le stockage des données personnelles. Des réglementations similaires doivent être développées pour protéger les droits des individus et garantir l'utilisation éthique de l'IA.

Le futur de l'IA dépendra également de la collaboration entre les gouvernements, les entreprises, les chercheurs et la société civile. Le partage des connaissances, des technologies et des meilleures pratiques sera essentiel pour maximiser les bénéfices de l'IA et relever les défis globaux. Les partenariats entre les secteurs public et privé peuvent accélérer le développement et l'adoption de technologies d'IA. Par exemple, les collaborations entre les universités, les entreprises technologiques et les gouvernements peuvent favoriser la recherche et l'innovation. La création d'écosystèmes d'innovation, tels que les pôles technologiques et les incubateurs, peut encourager l'échange de connaissances et la collaboration entre les startups, les chercheurs et les grandes entreprises. Cela permet de catalyser les avancées technologiques et de créer des synergies positives.

Il est essentiel d'investir dans l'éducation et la formation pour préparer les générations futures à un monde de plus en plus influencé par l'IA. La sensibilisation du public aux implications de l'IA et aux compétences nécessaires pour naviguer dans cet environnement technologique est cruciale. Les établissements d'enseignement doivent intégrer des cours et des programmes sur l'IA dans leurs curricula. Cela inclut la formation en sciences des données, en apprentissage automatique et en éthique de l'IA. Par exemple, les universités peuvent proposer des diplômes en intelligence artificielle et en sciences des données pour former les futurs professionnels du domaine. Il est important de sensibiliser le grand public aux impacts de l'IA sur la société et l'économie. Des initiatives de communication, telles que des campagnes de sensibilisation, des conférences et des ateliers, peuvent aider à démystifier l'IA et à informer les citoyens sur ses avantages et ses risques.

Dans un domaine en constante évolution comme l'IA, rester informé est vital. Suivre les publications scientifiques, participer à des conférences, et s'engager dans des communautés professionnelles permettent de se tenir à jour avec les dernières recherches et innovations. Cela aide à anticiper les tendances futures et à prendre des décisions éclairées. Lire des articles de revues scientifiques et des rapports de recherche permet de rester à jour avec les avancées les plus récentes en IA. Des plateformes comme arXiv, IEEE Xplore et Google Scholar offrent un accès à des publications de pointe. Participer à des conférences et à des événements sur l'IA, tels que NeurIPS, ICML et AAAI, offre des opportunités de réseautage et de partage des connaissances avec des experts du domaine. Ces événements permettent également de découvrir les dernières innovations et de discuter des défis et des perspectives de l'IA. Rejoindre des communautés professionnelles et des groupes de discussion sur l'IA permet d'échanger des idées, de poser des questions et de collaborer sur des projets. Des plateformes comme LinkedIn, GitHub et les forums de recherche offrent des espaces pour interagir avec des pairs et des mentors.

L'intelligence artificielle offre des possibilités incroyables pour améliorer notre monde, mais elle pose également des défis complexes. En tant que société, nous avons la responsabilité de guider le développement et l'adoption de l'IA de manière éthique et responsable. En restant informés, en collaborant et en mettant l'accent sur l'innovation continue, nous pouvons maximiser les bénéfices de l'IA tout en minimisant ses risques. L'avenir de l'IA est prometteur. En travaillant ensemble, nous pouvons exploiter le potentiel de cette technologie pour construire un avenir plus intelligent, durable et équitable. Nous pouvons améliorer la qualité de vie, préserver notre planète et stimuler la croissance économique tout en respectant les valeurs éthiques et en protégeant les droits des individus. L'IA est une force puissante qui peut transformer notre monde de manière positive. Cependant, elle nécessite une approche réfléchie, collaborative et responsable pour maximiser ses avantages et minimiser ses risques. En restant informés, en collaborant et en innovant en continu, nous avons la possibilité de façonner l'avenir de l'IA pour le bien de tous.

Copyright© Cardinal 2024
Tous droits réservés

www.ingramcontent.com/pod-product-compliance
Lightning Source LLC
Chambersburg PA
CBHW070152230526
45471CB00002B/631